# CONFÉRENCES

### FAITES

## A LA GARE SAINT-JEAN, A BORDEAUX

# LES RUINES
# DE POMPEÏ

PAR

## LE C^te E. DE KÉRATRY

attaché à la Compagnie

### DES CHEMINS DE FER DU MIDI

# PARIS

## LIBRAIRIE DE L. HACHETTE ET C^ie

### BOULEVARD SAINT-GERMAIN, N° 77

### 1867

LES

# RUINES DE POMPEÏ

---

## I

Mesdames, Messieurs,

Prendre la parole devant vous après les savants, aux éloquentes leçons desquels nous avons tous applaudi, est un honneur qui, surtout pour moi, a ses dangers. Car mon bagage est modeste, et je n'ai à vous apporter que des souvenirs de voyageur.

Dans la conférence précédente, vous avez fait un charmant voyage dans l'air : plus tard, vous devez parcourir les mondes et les espaces, et, sous vos yeux, s'animeront les trois règnes de la nature. Aujourd'hui, je vais vous conduire chez les morts : là, nous évoquerons des revenants curieux à consulter. Une baguette de fée sera nécessaire pour leur redonner un instant de vie, les faire agir et parler comme jadis; et cette fée sera votre imagination à laquelle, si vous le permettez, je servirai de guide. J'ai compté sur elle seule pour mener à bonne fin ce voyage presque souterrain, et, si je vous égare maladroitement, vous me pardonnerez comme on pardonne aux hommes de bonne volonté.

De nos jours, grâce aux machines que vous fabriquèz et que vous dirigez, on se plaît à voyager dans cette Europe, qui s'est changée en un vaste boulevard. Mais pourquoi voyage-t-on ? Quand vous entreprenez votre tour de France, vous passez successivement d'une forge dans un haut fourneau ou dans une galerie de mine, pour étudier les différents procédés par lesquels se produit ou s'assouplit la matière. Eh bien! le voyageur ne songe pas seulement à changer d'air, il veut voir de nouveaux horizons, respirer sous un autre ciel, enfin comparer successivement les mœurs et les traditions des pays qu'il vient d'abandonner hier ou qu'il traversera demain.

Au sud de l'Europe, vous le savez, il est un pays aussi riche en grands souvenirs et en monuments imposants qu'heureusement partagé de la nature. J'ai nommé l'Italie. Partons donc pour la baie de Naples, qui n'a de rivale que la baie d'Alger. Nous voici aux pieds du Vésuve qui fume encore, et dont le panache blanchâtre se balance au caprice de la brise. Traversons Naples la folle : gravissons au bord de la mer une route embaumée de fleurs d'orangers et de citronniers. Le chemin de fer qui longe la côte, nous laisse le temps d'admirer le panorama. A notre droite, sur les flots d'un bleu rayonnant, se bercent mollement les barques des pêcheurs, dont les voiles déployées au vent ressemblent de loin aux ailes blanches des goëlands. En face s'étagent les gradins fleuris de Castellamare et de Sorrente; puis, dans le lointain, par dessus la mer et à l'horizon, à travers une vapeur de mousseline qui se déchire, se laissent deviner les îles de Capri et d'Ischia, chantées par les poëtes. Au dessus de nos têtes, le ciel a des teintes profondes. Contournons légèrement le Vésuve sur notre gauche : nous voici arrivés.

En ce moment, vous foulez aux pieds Herculanum, ville antique qui a disparu pour renaître. Car sur les plus hautes terrasses de ses maisons qui ne se sont pas écroulées, mais qui se sont affaissées au dessous du niveau de la mer qu'elles dépassaient jadis, reposent les fondements de deux cités modernes : l'une, Portici, la patrie de « Masaniello », le Guillaume Tell napolitain qui a inspiré de sublimes accents de liberté au compositeur de la « *Muette de Portici,* » et l'autre, Résina. On descend à Herculanum, enfoui à 70 pieds sous terre, par des puits comme dans une mine.

Ne nous arrêtons pas encore ; avançons de quelques kilomètres et notre curiosité sera satisfaite. Car c'est ici que commence le royaume du silence. C'est presque le vide. Nous posons le pied sur des cendres mouvantes. Tout d'un coup, brusquement, de ces cendres dévorantes on voit sortir une ville endormie qui semble se réveiller d'un sommeil de dix-huit cents ans. Cette ville du silence, c'est Pompéï. Cette nécropole, couchée dans une gorge abrupte, entre le grand volcan et la mer, est baignée par les eaux du Sarno qui jadis la reliait au golfe et qui, à cette heure, par suite des commotions volcaniques n'est plus qu'un mince filet argenté. C'est Pompéï, dont les fouilles ont le mieux confessé les secrets de l'antiquité prise sur le fait.

L'année 79 après la naissance de J.-C., le 23 août dans la soirée, par un fort vent du nord-ouest, le Vésuve se mit à gronder. Après plusieurs secousses qui firent bondir la mer au large, le cratère du volcan s'illumina d'un éclair et lança une pluie de feu et de scories enflammées. Des flots de lave incandescente commencèrent à descendre sur le flanc du géant en colère et inondèrent lentement les rues d'Herculanum. Par-dessus cette ville, le vent emportait une pluie de cendres projetées au large, qui s'abattirent comme un ouragan sur Pompéï, sa voisine, et sur plusieurs autres petites localités des environs, comme Stabia. Naples ne dut son salut qu'à la direction du vent. Ce fut dans ce cataclysme (vous vous rappelez le sublime récit de Pline le jeune), que périt, martyr de la science, un des plus grands savants de l'antiquité, Pline l'ancien, qui voulut s'approcher du théâtre du sinistre pour observer de ses propres yeux la nature en convulsion.

.Herculanum brûla ; mais Pompéï fut hermétiquement enveloppée d'un épais linceul qui l'étouffa sous ses couches brûlantes. C'est à ce linceul refroidi que nous devons la conservation de la cité romaine. C'est grâce à lui que nous pouvons interroger le passé au premier siècle des Empereurs et comparer la civilisation d'autrefois à celle d'aujourd'hui. Enfin, c'est à sa mort que Pompéï doit son immortalité.

Il ne faut pas demander à Pompéï les magnificences de la grandeur Romaine : rien n'y approche des splendeurs du Capitole ou du palais des Césars. C'est seulement une ville de province, qui comptait environ 30,000 âmes. Pompéï était à Rome ce qu'Avignon est à Paris, à cette seule différence, qu'en France la province veut tout recevoir de la capitale oubliant d'être par elle-même. Pompéï était une petite capitale d'état, se suffisant complétement ; chaque citoyen y avait l'amour de sa cité, de son foyer comme de ses tombeaux. Elle relevait bien de Rome ; mais Rome lui apparaissait imposante à distance, dans le lointain, hors de ses murs où elle élisait elle-même ses magistrats. Si la grandeur romaine lui manquait, en revanche elle avait conservé la grâce de son pays d'origine, de la Grèce, dont on retrouve le charme dans toutes les œuvres d'art qui la décorent.

On découvre à Pompéï une vraie ville antique, isolée du monde moderne, mais complète dans son ensemble. Elle a ses théâtres, son forum, ses rues et ses monuments. Ses remparts, couverts d'inscriptions tracées par les oisifs, semblent retentir encore des accents du peuple et des soldats accourus à la défense de la cité : la langue sonore des

Cicérons résonne dans l'enceinte du forum, et les parfums montent au ciel, du pied des autels consacrés aux dieux protecteurs. Puis, à côté de la vie publique, à mesure que nous pénétrerons dans chaque maison, éclatera sous nos yeux la vie privée des patriciens, des belles Pompéïennes, et des esclaves que les jeux de l'arène vont décimer. Vivons un instant à l'antique et rajeunissons de dix-huit siècles. Les murailles chargées de peintures héroïques ou galantes, les appartements secrets vont parler comme les dalles des ruelles que faisaient trembler jadis les roues pesantes des chariots apportant aux Pompéïens les fruits et les légumes des campagnes voisines, ainsi que les vins mûris aux coteaux du Vésuve, stériles aujourd'hui. Partout, nous rencontrerons des affiches, des statues, des œuvres d'art, des manuscrits, des meubles, ou des ustensiles de ménage aux formes élégantes : çà et là des squelettes, raidis brutalement dans toutes les attitudes de la mort frappant à l'improviste. On se sent alors pénétré de respect à la vue de ces ossements inertes en se souvenant qu'ils ont assisté aux mystères du premier siècle du Christianisme.

Avant de pénétrer dans cette ville morte, vous désirez sans doute savoir comment et à quelle époque on a découvert ses ruines ensevelies sous la cendre.

Il est prouvé par une inscription latine mise à nu dans les souterrains d'Herculanum, que, sous Titus, on essaya d'exhumer les cités disparues dont on connaissait la place. Les premières fouilles furent malheureuses : on renonça bientôt à tout projet de restauration. Puis la barbarie et l'ignorance couvrirent la face de l'Europe ensanglantée par les armes : alors le souvenir des trésors engloutis s'effaça de la mémoire des hommes. L'herbe grandit sur le sol qui se déroba peu à peu sous les plantations d'arbres et de vignes. Du même coup, Herculanum et Pompéï furent perdus.

Ce fut à un prince français que revint l'honneur des premières découvertes. En 1700, le prince d'Elbœuf, qui avait une campagne à Portici au dessus d'Herculanum, voulut faire creuser un puits. Il fallut le percer à travers les laves. Tout d'un coup, un des ouvriers employés à ce travail, heurta de la pioche quelques matériaux. On déterra trois grandes statues de femmes admirablement drapées, à 60 pieds de profondeur. La découverte était faite. On fouilla plus loin : on tomba juste au milieu d'un grand amphithéâtre dont les immenses gradins circulaires pouvaient contenir 30,000 spectateurs. Mais à une pareille profondeur, les travaux présentaient de grandes difficultés. Aussi fallut-il creuser des galeries souterraines, que comblaient souvent des éboulements considérables. Par malheur, le roi d'Espagne, alors possesseur du royaume Napolitain, interdit aux particuliers la continuation des fouilles, et chargea un ingénieur espagnol, du nom d'Alcubierre, de la direction des recherches.

Voici comment cet ingénieur, nommé conservateur des antiquités, s'y prit pour les conserver. Une inscription intacte, adhérente à la muraille du théâtre d'Herculanum avait été rencontrée par les forçats qui piochaient la lave. Alcubierre donna l'ordre d'arracher les caractères de bronze, sans songer à en prendre la copie : puis, on les jeta pêle-mêle dans une corbeille qu'on s'empressa d'apporter au roi, qui ne sut qu'en faire. Peut-être que cette inscription ainsi perdue eût jeté le jour sur des personnages ou des événements restés mystérieux!

Au-dessus d'un des portiques du même théâtre, soutenu sur un gros bloc de marbre blanc, on déterra un char de bronze doré, attelé de quatre chevaux de même métal. Le groupe précieux était mutilé, écrasé par

les amas de lave ; mais toutes les pièces en
étaient complètes. Tous ces débris furent
transportés sur un chariot, par ordre de
l'ingénieur espagnol, dans la cour du châ-
teau royal à Naples. Là, on les relégua dans
un coin comme de la vieille ferraille. Un
beau jour, avec une partie de ce bronze, on
poussa la galanterie jusqu'à fabriquer les
bustes du roi et de la reine. Quelques années
après, avec le reste du métal, pour réparer
la faute commise, on refit un cheval neuf,
exposé aujourd'hui à Portici. Par malheur,
ce cheval est hydropique : car à la suite de
chaque averse qui pénètre dans le corps de
l'animal par des fissures provenant de la
mauvaise liaison du bronze lors de la fusion,
l'eau s'échappe de ses quatre jambes. —
Chacun est barbare à sa façon : pour com-
ble de barbarie, défense fut faite aux savants et aux voyageurs, avides de ressusci-
ter le passé, de copier aucune inscription
ou de lever le plan des monuments mis à
jour à Herculanum.

Pourtant, l'attention des antiquaires était
éveillée. En 1748 (48 ans après la découverte
d'Herculanum) on exhuma Pompéi. Mais,
Winkelmann, le célèbre antiquaire Alle-
mand qui a arraché tant de secrets à l'antiquité, raconte que les fouilles furent mal

conduites, souvent abandonnées et reprises au gré du caprice royal, si tyrannique dans cette partie de l'Italie. Pour faire honneur au souverain, lors de ses visites à Pompéi, le directeur des fouilles avait soin de faire semer par avance sous les cendres volcaniques quelques morceaux d'art de grande valeur. En présence du roi on grattait la terre, et, à chaque trouvaille, dont on lui faisait hommage, les travailleurs avaient ordre d'acclamer sa majesté : c'est ainsi que le directeur faisait sa cour. Cela rappelle le procédé de Potemkin.

Ce ne fut qu'en 1813, sous l'occupation française que de vrais chantiers furent installés. Comme vous le voyez, messieurs, l'intervention de la France a des phases heureuses comme des phases néfastes. La reine Caroline, femme de Murat et sœur de Napoléon Ier, donna à ces travaux une énergique impulsion, en rachetant aux particuliers le sol de Pompéi déjà aliéné par la couronne. Plus tard, le roi Ferdinand brocanta de nouveau une partie de ce sol historique, et fit murer le musée *secret*, où avaient été apportés les objets d'art et les peintures des deux villes ensevelies, qui reproduisaient des sujets érotiques. Il a fallu à Pompéi la révolution Italienne et le triomphe de la maison de Savoie pour renaître à la lumière. Depuis six ans, le roi Victor Emmanuel a vu exhumer plus de trésors qu'on n'en avait déterré depuis un siècle et demi.

Herculanum, jadis au niveau de la mer, a sombré sous vingt mètres de lave dans les secousses du Vésuve et ne pourra jamais être mis à nu. Pompéï, plus heureuse, n'est recouverte que d'une dizaine de pieds de cendres friables, faciles à remuer.

Trois systèmes ont été employés successivement pour rendre à la lumière l'antique cité.

Tout d'abord, on a creusé des trous dont on a extrait tous les objets précieux que rencontrait la pioche. Mais ce procédé sacrifiait les constructions, et on a dû y renoncer, dès la certitude acquise qu'on avait sous les pieds une ville entière. On ne devait plus songer à un musée restreint.

Plus tard, on perça des galeries à ciel ouvert. Les ouvriers marchèrent droit devant eux en traçant des rues : mais des éboulements répétés, provoqués par le peu de résistance des cendres volcaniques, firent écrouler les parties supérieures des maisons, en brisant tous les objets fragiles que l'ancienne civilisation y avait laissés en place.

Aujourd'hui, M. Fiorelli, savant italien d'un rare mérite, qui est le directeur des fouilles, a adopté un mode d'opérer des plus heureux. On avait reconnu que chez les peuples du Midi, comme en Espagne et dans les colonies de l'Amérique du Sud ainsi qu'au Mexique, les pâtés des maisons, déjà isolées entre elles, formaient des ilôts séparés les uns des autres. M. Fiorelli fit tracer, sur le sol de Pompéï couvert de vignes et d'oliviers, des ilôts, selon la direction des points de repère; puis on enleva la croûte de végétation. Pompéï est située sur une colline : les déblais furent entraînés au bas de la côte par une pente douce, et c'est ainsi que la ville ensevelie secoue peu à peu les plis de son linceul.

Il y a plaisir à lire le tableau suivant, aussi pittoresque que le sujet, tracé de main de maître par un de nos savants voyageurs et écrivains, Marc Monnier, qui a vécu de longs jours parmi les ombres de Pompéï, et dont le gracieux ouvrage (1) nous a souvent inspiré dans cet entretien, comme les grands travaux de nos compatriotes, Raoul Rochette et Mazois, que je vous conseille d'interroger.

« Rien de plus vivant que le travail des fouilles. Les hommes bêchent la terre et des

(1) *Pompéï*, 1 vol., Hachette.

nuées de jeunes filles accourent, sans inter-
ruption, leur panier à la main. Ce sont d'a-
lertes campagnardes racolées dans les villa-
ges voisins, la plupart ouvrières des fabriques
fermées ou assoupies par l'envahissement
des tissus anglais et par la hausse des co-
tons. Nul ne se fût douté que le libre
échange et la guerre d'Amérique eussent
fourni des ouvrières à Pompéï. Tout se tient
maintenant dans ce vaste monde. Elles accourent donc, remplissent leurs paniers de
terre, de cendre et de lapillo, les chargent
sur leur tête, avec l'aide des hommes, d'un
seul mouvement vif et prompt, et s'en vont
ainsi par groupes incessamment renouvelés,
vers le chemin de fer, en se croisant avec
leurs compagnes qui en reviennent. Très-
pittoresques dans leurs haillons troués, aux
vives couleurs, elles marchent à grands pas
dans de longues jupes qui dessinent les mou-
vements de leurs jambes nues et qui trem-
blent au vent derrière elles, tandis que leurs
bras avec des gestes de canéphores, soutien-
nent sur leur tête la lourde charge qui ne les
fait pas fléchir. Tout cela n'est point en
désaccord avec les monuments qui appa-
raissent peu à peu sous la terre, à mesure
que le sol s'abaisse. Si les visiteurs étrangers
ne troublaient pas de loin en loin cette har-

monie, on se demanderait volontiers, au milieu de ce paysage virgilien, parmi les festons de vignes, en face du Vésuve fumant, sous le ciel antique, si toutes ces filles laborieuses qui vont et viennent ne sont pas les esclaves de Pansa l'édile ou du decemvir Holconius. »

L'origine de Pompéï était grecque, mélangée de souvenirs étrusques, dont nous retrouverons les traces dans ses monuments et ses œuvres d'art. Cette ville était presque la patrie des Sirènes, ces femmes du demi-monde mythologique, qui séduisaient les touristes navigateurs pour les mieux dépouiller. N'est-ce pas l'histoire de toutes les Sirènes modernes ? Je vous ai dit l'heure de la catastrophe qui raya les Pompéïens du nombre des mortels : mais il faut se rappeler ici que 63 ans avant Jésus-Christ, cette petite cité avait déjà été renversée par un tremblement de terre, et qu'au moment où elle s'abîmait pour la seconde fois, elle venait à peine de se relever. Elle était en pleine voie de reconstruction; aussi le style de ses monuments s'est-il ressenti de cette renaissance officielle. Au genre Etrusco-Grec succédait le genre Corinthien-Romain. Le souffle de Rome traversait les marais Pontins, et venait jusqu'à elle lui apportant un style nouveau. Il en résulta pour l'art de fâcheuses dissonances dans ce rajeunissement, où, l'harmonie pouvait gagner, mais où le goût s'égarait.

Pompéï se mit à la mode, comme Paris aujourd'hui. Aussi les amis de l'art ont-ils le droit de se demander si la capitale de la France, qui se change en brillant caravansérail de toutes les nations, saura raconter aux futurs Parisiens les différents âges qu'elle aura traversés ainsi que les phases originales de son architecture première, si bouleversée aujourd'hui par l'amour de la ligne droite.

Pour visiter Pompéï, il faut profiter d'un beau ciel : car, en cas de pluie, vous chercheriez en vain un seul abri dans les maisons, dont pas une seule n'a conservé sa toiture. Des guides savants comme des professeurs vous attendent au haut de la montée qu'on gravit, à la sortie de la gare. Vous pouvez vous asseoir dans de petits chars qui ressemblent aux chaises curules de l'antiquité, et, en errant ainsi dans ces rues silencieuses où Annibal a passé en conquérant, avant de s'arrêter aux délices de Capoue, sa voisine, on se croit un instant un grand personnage du siècle des empereurs.

# II

En approchant de Pompéï, on se sent pris d'une émotion étrange, lorsque, pour la première fois, on pose le pied sur la pierre de ces splendides routes pavées qui rayonnaient de Rome aux extrémités de l'Europe et de l'Afrique et sur lesquelles les enseignes victorieuses des Césars ont fait le tour du monde alors connu. Pour qui les examine de près, il est facile de comprendre qu'elles aient triomphé des siècles. Quand les anciens voulaient tracer une voie, la charrue creusait dans le sol deux larges sillons éloignés entre eux d'une distance de douze mètres environ. Dans l'intervalle des sillons, la terre était fouillée et déblayée à une profondeur de trois mètres. Au fond de ce vide, on établissait un premier lit de calcaires fortement reliés ensemble ; un béton de gravier à la chaux formait la seconde couche; au-dessus de ce béton, se massaient chaux, ciment, craie et briques, et enfin de gros blocs de lave bien nivelés venaient achever le dallage superficiel. Telle est la route qui conduit à la ville, dont

le premier aperçu est magique du haut des
remparts qui l'étreignent. Il faut deux
heures, pour faire à pied le tour de l'enceinte. Débarrassée presque à moitié de sa
croûte végétale et de son manteau de cendres, Pompéï apparaît brusquement aux
yeux du voyageur, malgré le silence de ses
rues et de ses maisons, encore éblouissante
sous les chaudes teintes de ses murailles
revêtues de stuc barriolé et sous son ciel
napolitain.

L'enceinte des murailles de style grec, à
l'abri desquelles les Pompéiens défendirent
plusieurs fois leur indépendance menacée
par les Samnites amoureux des plaines de
Campanie, affecte presque une forme ovale
et court autour de la ville sur une longueur
de sept kilomètres. Ces murailles, larges de
14 pieds et hautes de 25 sont à peine lézardées ; construites en péperin dont les joints
montent en biais, sans liaison de mortier,
elles ont défié bien des outrages ; grâce à
neuf tours de trois étages dont elles étaient
flanquées, elles se défendaient facilement
des machines qui venaient les battre ; neuf
portes en retraite protégées par les meur-
trières des remparts qui dominaient le pays
donnaient accès à Pompéi. Ces portes qui
ont conservé le nom des points d'où les

routes convergeaient à Pompéï (Herculanum, le Vésuve, Capoue, Nola, le Sarno,
Nocera, Stabie, etc,) présentent trois passes
que fermaient des herses doubles roulant
sur des gonds dont on peut voir encore les
godets encastrés dans la pierre : le couloir
du milieu était assez haut et large, pour
donner entrée aux chariots; les routes latérales étaient réservées aux piétons. On
s'arrête avec un certain respect devant la
porte de Nola, qui ne forme qu'une seule
arcade et qui compte vingt-deux siècles
d'existence ; inclinons-nous devant cet élo-
quent débris, contemporain de la république Romaine! Ces témoins-là deviennent
rares; car, sous le marteau des embellis-
seurs, l'archéologie ne sera bientôt plus
qu'un vain mot !

A peine entrés dans Pompéï, vous péné-
trez en pleine vie antique. Du premier coup,
vous vous trouvez en face d'un spectacle
grandiose; car vous entrez au forum, la
place publique de Pompéï, et, en Italie,
c'est au forum que s'affirme l'antiquité sous
sa face la plus imposante.

A première vue, on ne distingue que fûts
de colonnes brisés, édifices délabrés et par-
semés de débris d'autels ou de statues. Au
dernier plan se dresse le Vésuve menaçant;

mais tout cet ensemble est facile à relever.

Pour bien comprendre le forum, Messieurs, et déchiffrer ces solides magnificences qui ont survécu à tant de générations, il faut que notre pensée fasse un retour vers l'esprit des mœurs des anciens. La famille chrétienne, telle que nous la concevons, n'existait pas chez eux; aussi une grande partie du jour, vivaient-ils hors de leur intérieur. Quoi donc remplaçait la famille dans cette société où la femme n'était guère considérée qu'au point de vue de la reproduction de l'espèce? La patrie! A la patrie était réservée leur première affection; la patrie, c'étaient leurs dieux, leur sol, leurs tombeaux, et la patrie s'arrêtait aux murailles de la cité pour les Pompéïens. Où allaient-ils en sortant de leurs maisons? Ils se rendaient aux temples pour y faire des sacrifices, aux comices pour élire leurs magistrats ou parler de la chose publique, au forum pour organiser la défense du territoire, entendre les orateurs dont la parole libre ne tuait pas la liberté et lire les nouveaux décrets affichés sur l'*album*.

Comme la cité antique, qui se partageait en deux parties bien distinctes, les places et les monuments publics d'un côté, la maison particulière de l'autre, par contre-coup la vie antique se divisait aussi en vie publique et en vie privée.

Le forum, c'était le cœur de la cité. Comme dit Taine, le Delacroix de la littérature moderne, « les hommes faisaient de leur ville leur joyau et leur écrin. L'image de leurs divinités avec leurs temples blancs se noyant dans l'azur les suivait partout. L'enceinte de la ville était leur refuge, leur forteresse et leur sanctuaire. Ils y avaient leurs autels, leur foyer, leurs pénates et leurs ancêtres. Cette conception de la cité avait produit dans les âmes antiques une sensation, unique source d'émotions et de dévouements auxquels nous n'atteignons plus. »

Les pensées grandioses, Messieurs, édifient seules des monuments grandioses; et pour preuves, Paris nous offre sa cathédrale, la sainte chapelle, la colonnade du Louvre et l'arc de triomphe des Champs-Elysées, que rien depuis n'a su effacer.

Le forum de Pompéï est un vaste parallélogramme, indiqué encore par seize piédestaux d'une égale dimension. Sept rues y donnaient accès. Les entrées en étaient fermées par des grilles. Au centre du forum, s'élevaient deux arcs de triomphe. Sur les piédestaux qui subsistent, s'élevaient d'im-

posantes colonnes : sur leurs entablements
courait une seconde colonnade qui projetait
un balcon intérieur, d'où les femmes pouvaient contempler les tumultes de la place
publique, où elles n'avaient pas le droit de
pénétrer. Quatre escaliers de marbre, dont
les traces existent encore à l'intérieur des
quatre angles du forum, les conduisaient à
cet étage supérieur. De riches statues dédiées
aux hôtes de l'Olympe et aux grands
citoyens présidaient aux grandes réunions
du peuple; les parois des murailles étaient
décorées de marbres jaunes, verts et rouges,
pendant que les soubassements étaient re-
vêtus de stuc et d'enduits aux couleurs
sombres. C'était là le genre de style domi-
nant dans l'ornementation de l'architecture
pompéïenne. Au fond du forum, se dressait
une statue colossale du Jupiter Olympien.
Cette divinité gigantesque planait au-dessus
de tous ces monuments du paganisme qui se
groupaient sous son égide.

Sur la gauche du père des Dieux, s'ali-
gnaient le Panthéon, la salle du sénat, le
temple de Mercure et le palais d'Eumachia,
qu'on croit être le palais de l'Industrie.

En face de Jupiter, se rendait publiquement la justice devant le peuple libre, et sur
sa droite on a retrouvé les prisons. Près du

petit temple de Vénus, la patronne de Pompéï, dans une niche, on a déterré une table en tuf, où étaient creusées cinq cavités de dimensions variées ; c'était l'étalon des mesures publiques jaugées par les *duumvirs*. Enfin, voici la superbe Basilique dont le nom est encore tracé sur ses murs éclatants de luxe et de couleurs : c'étaient la Bourse et le Tribunal de Commerce. La Basilique, large de 78 pieds et longue de 200, était toute pavée de marbre. En 1813, on y trouva une statue de bronze doré. Elle ouvrait cinq grandes portes sur le forum, et s'appuyait sur quatre rangs de colonnes merveilleusement travaillées. Faites retentir toutes ces voûtes sonores des prières des pontifes, des périodes cadencées des patriciens ; que l'encens fume sur les autels ; évoquez ce peuple de statues blanches qui gardaient les abords des monuments, les grandes figures de l'antiquité, les souverains du ciel descendus sur la terre ! Vous sentirez alors que tout cela a été plein de vie et l'on s'oubliera volontiers parmi ces déesses aux poses voluptueuses, comme les anciens s'y oubliaient, avant de regagner leurs pénates. Tout cet ensemble respirait l'harmonie et la beauté.

J'ai dit que Pompéï avait presque la forme d'un œuf : tirez une ligne du pôle sud au pôle nord, jetez-vous à droite et à gauche de cette ligne à une distance de 300 mètres environ ; c'est là le tracé suivi par les fouilles jusqu'à ce jour : le reste de la ville est encore sous les cendres. Le forum est presque au centre de cette ligne.

Pour envisager la vie publique des anciens sous toutes ses faces, sortons du forum et gagnons le pôle sud par la rue de l'Abondance en nous dirigeant vers le quartier des théâtres, des thermes et de l'amphithéâtre des gladiateurs ; c'est là que tour à tour se manifestaient librement l'indolence et la *furia* des Pompéïens passant du *farniente* aux émotions populaires.

Les rues de Pompéï sont pavées en lave. Deux chars y pouvaient passer de front ; et on voit encore les traces creusées dans les dalles par le frottement des roues. Le long des trottoirs se dressent les mêmes bornes qui garantissaient jadis les piétons des voitures ou qui servaient d'étrier aux cavaliers prêts à se mettre en selle.

Nous voici devant les thermes ; le caractère et le style plein d'ampleur de ces bains publics sont faits pour exciter la surprise d'un Parisien habitué à se plonger dans une cuvette ou dans une baignoire en forme de bière qui emprisonne le corps. Les anciens

comprenaient autrement les ablutions : chez
nous, le bain est une affaire d'hygiène, chez
eux, c'était un plaisir et une institution
gymnastique. Les thermes étaient un vrai
club où l'on vivait dans l'eau ; c'était le lieu
des rendez-vous des patriciens et des plé-
béiens, où ils prenaient sept bains par jour.
L'entrée d'ailleurs en était peu coûteuse :
elle se payait deux centimes environ. Les
thermes renfermaient un gymnase drama-
tique, une académie où les poëtes lisaient
leurs vers devant la foule des disciples, une
scène où se jouait le théatre d'Eschyle, une
arène où luttaient les gladiateurs, un portique où l'on discourait en se promenant au
sortir de l'étuve, enveloppé d'un moelleux
peignoir, un cabinet de lecture où l'on com-
mentait les nouvelles du jour et les affiches.
En été, on y prenait des bains à la neige ; en
hiver, après avoir déposé au vestiaire (*spo-
liatorium*) ses sandales et son capuchon, et
suspendu au porte-tunique sa tunique, on
confiait ses bijoux au coffre de l'établissement
(*capsarius*) qui était destiné à cet emploi. On
allait d'abord s'asseoir dans le vaste bassin
d'eau froide (*frigidarium*) qui contenait 1600
siéges de marbre. Puis, après s'être armé de
sa lampe de terre cuite (on a trouvé dans ces
thermes 500 lampes de même style), de cham-

bre en chambre obscure, on gagnait une
température de plus en plus élevée jusqu'au
(*tepidarium*) où les brasiers de bronze entre-
tenaient une chaleur ardente : enfin le bai-
gneur se précipitait dans l'étuve, dont l'at-
mosphère embrasée se retrouve en Algérie
dans les bains maures. Un grand appareil
de chauffage à la résine (dont on a constaté
les traces) distribuait sa vapeur par des
canaux souterrains. A l'étuve, commençait
la partie rude de cet exercice corporel. Les
esclaves masseurs s'emparaient du patient
armés du strigile, lui raclaient l'épiderme
jusqu'à ce qu'il criât merci. Une fois le corps
étrillé, 17 onguents variés se distribuaient
sur les membres, et des flots d'eau parfumée
s'échappaient en pluie rafraîchissante sur le
Pompéien ou la Pompéienne qui, après une
heure de sommeil écoulée sur un lit de
repos, moelleux comme la pierre ou le marbre, se faisait oindre d'huile et courait jouer
à la paume. Il y eut une époque où les sexes
se baignaient confondus dans les mêmes
thermes. Un décret impérial en ordonna la
séparation.

Dans une officine de bains, on a trouvé
un squelette très-bien conservé, assis près
de sa baignoire, où l'asphyxie l'avait sans
doute surpris au moment de la catastrophe.

A la sortie du jeu de paume, l'heure est venue d'aller au théâtre. On avait le choix à Pompéï : près du Temple d'Hercule, s'élevaient l'Odéon et le Grand-Théâtre. Les ruines en sont imposantes; en 1760, dans les débris de l'Odéon, on a retrouvé une contre-marque, espèce de jeton qui portait une figure et le mot « Eschyle. » Chez les Romains, à la différence des usages Grecs, l'entrée du théâtre était gratuite : les spectateurs recevaient sous le péristyle une contre-marque, qu'un personnage masqué venait recueillir à chaque stalle en passant sur les gradins étagés de l'hémicycle. Les représentations avaient lieu pendant le jour : un immense *velarium*, soutenu par de grands mâts encore debout à Pompéï et manœuvré à l'aide de poulies se tendait sur les têtes des spectateurs, pour les protéger contre les rayons du soleil. Quand il faisait un grand vent ou si la neige tombait, les spectateurs louaient à la porte des capuchons pour se garantir. La belle mosaïque du *Chorégion* mise à jour dans la maison du poëte tragique, qui fut découverte à Pompéï à la fin de mars 1825, donne une idée bien exacte, en reproduisant une scène de répétition théâtrale, des costumes, des acteurs et des actrices du temps, et fe-

rait reculer d'horreur les jeunes premières
de nos boulevards Parisiens, si elles se
voyaient condamnées à cette élégance clas-
sique : un masque pour peindre les fureurs
d'Oreste ou l'amour de la belle Hélène, un
étroit maillot vert et des sandales, telle était
la toilette de l'actrice à la mode qui ne rui-
nait pas aussi vite que chez nous les fils de
famille. L'orchestre était non moins modeste; une double flûte, quelquefois une
lyre accompagnaient les chants de neuf cho-
ristes qui défilaient toujours par trio com-
posé d'un dessus, d'une basse et d'une
taille.

Dans le théâtre antique, la toile, au lieu
de se lever, s'abaissait sous terre; le souf-
fleur y avait aussi son poste et une trappe
s'ouvrait sous les pas des Furies, qui re-
tournaient au noir empire.

Pour donner plus d'étendue à la voix de
l'acteur un peu étouffée sous le masque, les
anciens avaient eu recours à un moyen
assez ingénieux. Sous les gradins, sur lesquels s'étageaient les spectateurs, on a retrouvé de vastes récipients de bronze pur et
sonore, où venait frapper la voix qui par-
tait de la scène et d'où elle se répercutait
avec force. La mise en scène se formait de
décors mobiles et de décors fixes; car le fond

du théâtre, magnifiquement orné et rehaussé de marbres dorés, était invariable et présentait trois portes. L'arcade du milieu, plus large que les portes latérales, était réservée aux dieux de l'Olympe et aux rois de la terre; les autres donnaient passage aux simples mortels. Le Grand-Théâtre de Pompéï pouvait contenir ' 25,000 spectateurs; aussi toutes les villes des environs y accouraient aux jours de représentations.

La population Pompéïenne, messieurs, était avide de jeux publics; il faut reconnaître aussi, après examen des nombreuses affiches électorales qu'on a retrouvées sur les murailles de la ville, (car Pompéï fut engloutie en pleine crise électorale) que les candidats officiels ou officieux aspirant aux charges publiques connaissaient à ravir le côté faible des électeurs et savaient en tirer ouvertement parti.

Ils ne se contentaient pas de promettre publiquement leur appui à ceux dont le suffrage leur serait favorable; vieux moyen de comédie qui n'est pas usé; mais ils offraient gratuitement et à titre gracieux des combats de gladiateurs et des représentations théâtrales dont le succès et l'éclat décidaient des élections. Le fameux Blondin dont vous avez admiré récemment les exer-

cices périlleux sur la vaste place des Quinconces eut été bien vite éclipsé à Pompéi.
Au Grand-Théâtre, le plus fort équilibriste,
dont une médaille du temps nous ait conservé le souvenir (et Nicephore affirme un fait
pareil) fut un éléphant qui dansait sur la
corde portant une litière chargée d'hommes
sur son dos. Pendant ce temps, de hardis
funambules, jouant de la lyre d'un pied,
marchant sur l'autre, agitaient des deux
mains des vases pleins d'une eau parfumée
et de senteurs qu'ils répandaient en pluie
bienfaisante sur les vêtements d'un public
enthousiasmé.

Comment, après de pareilles sensations,
refuser sa voix au plus généreux des candidats !

L'Odéon communiquait avec le quartier
des soldats, curieux bâtiment formant cour
de cloître et soutenu par soixante-quatorze
colonnes revêtues de stuc et teintes de
vert, de jaune et de rouge. La colonnade
est entourée de soixante cellules. D'après
les inscriptions qui y sont gravées à la
pointe du style, on a lieu de croire que c'était la demeure des gladiateurs; car ces inscriptions rappellent les fanfaronnades de
nos lutteurs et hercules modernes. Sous
les cendres, on a trouvé des armes artiste-

ment ornées, des casques, des bottines de
bronze et une selle de cheval. Les parois
étaient décorées de trophées militaires; la
cuisine était parfaitement conservée. Au-
dessus de cette colonnade courait une galerie à balcon intérieur. Dans la prison de
ce quartier, les fouilles ont mis à jour trois
squelettes dont les jambes étaient encore as-
sujetties à une échelle, instrument de tor-
ture qui condamnait le patient à rester toujours assis, en ne lui laissant que la liberté
du haut du corps.

Cette caserne de gladiateurs nous conduit
naturellement à l'amphithéâtre voisin, té-
moin de leurs exploits et de leur agonie. Il
est situé à l'extrémité sud de la ville; on y
arrive, en traversant un terrain vague res-
pecté encore par les fouilles et en longeant
les remparts intérieurs.

Cet immense amphithéâtre complètement
déblayé porte la sanglante empreinte du
paganisme : c'est ici, en présence de 40,000
spectateurs aussi cruels que les animaux
sauvages qui y faisaient irruption, que les
gladiateurs s'entr'égorgeaient soit à pied,
soit à cheval. Le caprice du maître ou le
faste d'un nouveau magistrat, qui voulait
donner des fêtes à ses électeurs, dictait l'arrêt de mort d'hommes faits à leur image.

Par une atroce dérision, avant de marcher
au supplice, les victimes marquées d'avance
allaient s'asseoir à un dernier banquet
on l'appelait le *repas d'homme libre*. Mais
la populace s'impatiente ; les arènes béantes
appellent leurs proies ; les galeries souterraines vomissent les lions amenés de l'Atlas.
Celui qui va mourir, lutte, lutte encore,
puis, en tombant, demande grâce : les pa-
triciennes au cœur de roc l'insultent, qua-
rante mille pouces se lèvent et se tournent
en dedans ; c'est le dernier arrêt de mort.
L'homme épuisé ne lutte plus, et les bêtes
féroces le déchirent à belles dents. Un em-
ployé du théâtre, habillé en Mercure, s'a-
vance et brûle la victime d'un fer chaud.
Elle est bien morte ! Alors, un esclave, à
coups de croc, entraîne son frère en escla-
vage au charnier, où il ne tardera pas à le
suivre à son tour.

Tels étaient, messieurs, les plaisirs déli-
cats de la société païenne, et en plein
XIX^e siècle, certaines villes de France ne
rougissent pas de désirer le retour des combats de taureaux, où hommes et bêtes doi-
vent s'éventrer pour amuser le public !

# III

Maintenant, Messieurs, il nous rèste à examiner la maison antique, c'est-à-dire à pénétrer dans la vie privée des Pompéïens; et vous y verrez le mince rôle réservé à la femme dans la société païenne. Comme vous le savez, la société païenne se composait d'une minorité d'hommes libres et d'une majorité d'esclaves. La femme n'était pas esclave, mais elle n'était pas libre ; reléguée à l'ombre du gynecée, elle y vivait en tutelle et elle n'a dû son émancipation qu'au Christianisme.

Pour s'en convaincre, on n'a qu'à visiter les maisons de Pompéï; il sera facile de retrouver la place étroite et indigne d'elle qui lui y était réservée.

Retournons donc sur nos pas; remontons au pôle nord de la ville, en franchissant à travers champs un quartier encore enseveli, pour revenir aux théâtres: là, prenons la rue de Stabie, qui marque la limite où les fouilles sont parvenues; à notre droite, commence un quartier récemment découvert. Gagnons en haut la rue de la Fortune qui

va aboutir à la rue et à la porte d'Herculanum. C'est ici la principale artère de com-
munication : autour d'elle se groupent les
maisons déblayées. Les attitudes des nom-
breux squelettes que la pioche a rencontrés,
prouvent clairement que la population n'a
pas eu le temps de s'échapper des quartiers
les plus rapprochés du Vésuve. Près d'un
pilier de portique, on a découvert trois femmes, dont l'une tenait encore un petit en-
fant serré dans ses bras crispés : ces victimes de l'éruption volcanique étaient cou-
vertes de bijoux. Sans doute, dans leur fuite,
suffoquées par une pluie de cendres, elles
ont dû chercher un abri qui s'est changé en
tombeau. Plus loin, c'est un vieil avare, qui
succombe sous le poids de son trésor. L'é-
toffe de lin, qui contenait ses épargnes, a
survécu intacte, et 410 monnaies d'or et
d'argent, frappées aux effigies impériales,
ont enrichi le musée des fouilles.

Dans la rue d'Herculanum existait un
four public. Les travailleurs qui ont pénétré les premiers dans cet établissement, ont
trouvé dans la gueule du four 81 pains ran-
gés aussi régulièrement qu'ils avaient été
disposés au mois d'août, an 63 après Jésus-
Christ, par le pannetier pour l'heure de la
cuisson : ces pains, intacts, noirs, légère-

ment rassis, comme vous le pensez, étaient ronds, creux au centre et pesaient 304 grammes chacun. A cette époque-là, les boulangers avaient le respect du client poussé plus loin qu'aujourd'hui et se piquaient d'honneur dans leur fabrication : car les pains portent encore des caractères bien tracés, indiquant le poids et la nature de la farine ; farine de pois chiches ou de froment. L'art de la meunerie était aussi primitif que les instruments employés pour la mouture ; ainsi l'attestent les quatre moulins installés en avant du four : une pierre convexe écrasait le blé sur une pierre concave et un âne, tournant sur un pavé circulaire, mettait cette meule en mouvement ; c'est l'enfance de la mécanique. Souvent l'esclave tenait lieu de la bête de charge destinée à ce travail ; ici, du moins, le patron semble avoir été plus humain ; car, près d'un des moulins, on a relevé une machoire d'âne.

Parmi les habitations urbaines de Pompéï, les plus curieuses sous le rapport de l'aménagement intérieur et de l'élégance de la construction, on peut citer la maison de Pansa et celle du poëte tragique dont j'ai déjà parlé en décrivant la mosaïque du *chorège*. Je n'entreprendrai pas une description générale ; il faut laisser au voya-

geur le plaisir d'aller lui-même à la découverte quand il visitera les ruines de Pompéï;
d'ailleurs les guides connaissent à fond
l'historique de chaque demeure, sa naissance, l'origine de son nom de fantaisie, enfin tous les incidents qui se rapportent aux
diverses époques des fouilles : mais on ne
peut parcourir ces quartiers solitaires sans
être frappé du nombre d'élégantes fontaines
de pierre, à têtes de lions, qui jadis ornaient
les places et les voies publiques. Ruisseaux,
cascades, nappes d'eau, c'était là le luxe
dont ne pouvaient se passer les anciens; ils
avaient soif de fraîcheur, quand le sirocco
se faisait sentir, et il y a plaisir à voir la
charmante disposition intérieure de tous
ces petits palais de marchands épicuriens.
Pompéï était jadis un port de commerce et
son plus riche citoyen était un gros négo-
ciant. ·Les architectes du pays possédaient
tous les secrets de la ventilation; pas un
petit couloir qui ne fût favorable à la libre
circulation du plus léger souffle de la brise
de mer, qui chaque soir s'élevait du golfe.

Vous décrirai-je toutes les parties de la
maison antique? non, l'énumération techni-
que en serait trop longue et trop savante, et
d'ailleurs la maison de Diomède, dont il
sera question tout à l'heure, a été merveil-

leusement reproduite à Paris sur l'avenue
Montaigne, où plusieurs d'entre vous ont
pu l'examiner dans tous ses détails. Je me
bornerai donc à dire que presque toutes les
habitations pompéïennes étaient construites sur le même plan et ornées dans le même
style. D'ordinaire, elles se réduisaient à un
rez-de-chaussée se divisant en quatre parties. La façade donnait accès sur la rue par
un péristyle dont le seuil était sous la sur-
veillance d'un esclave portier ; les peintures
du temps le réprésentent vêtu d'une tunique verte retenue par une ceinture rouge,
et passant son temps à vanner des pois chiches sur un bassin d'argent. En face de lui
sommeillait un chien en imitaticn, faite de
mosaïque, et connu par le fameux « cave
canen. » On se demande si les anciens me-
nacés aussi d'un impôt sur les chiens, n'a-
vaient pas eu recours à cette combinaison
artificielle, pour échapper à cette loi somp-
tuaire.

Du péristyle, on entrait dans une première cour carrée ornée d'une colonnade
formant galerie couverte ; sur chaque face,
s'ouvraient des salles de réception réservées
aux clients et aux hôtes du seigneur du
lieu. Au milieu de cette cour, murmurait
un jet d'eau dans un bassin destiné à rece-

voir les eaux pluviales, qui tombaient du
toit, toujours construit en bois de sapin.
Une seconde cour, édifiée sur le même
modèle et entourée de chambres moins
spacieuses et plus discrètes, était réservée
aux femmes et aux enfants : passons rapide-
ment devant le *venereum* réservé aux
amours des fiançailles, où s'effeuillaient les
couronnes des époux et où se dénouait la
ceinture consacrée. Plus loin, cette petite niche merveilleusement ornée, enrichie d'of-
frandes, qui renferme une statuette, c'est le
*lararium*, le sanctuaire des dieux lares qui
veillent sur la maison. A travers une porte
entr'ouverte, on aperçoit une salle de repos,
plongée dans une demi-obscurité qui sied
bien aux murailles décorées d'arabesques li-
cencieuses ou galantes, rappelant les scènes
un peu vives de la mythologie et des temps
héroïques. Cette pièce ne reçoit pas de lumière de l'extérieur : c'est une chambre à
coucher avec son lit de marbre recouvert
d'une épaisse draperie. Deux grands can-
délabres de bronze aux formes élancées,
une petite lampe portative de métal oxydé,
un brasier à anses garnies de têtes de lion ci-
selées, un miroir lamé d'argent poli à col de
cygne, un éventail de plume de paon, quelques aiguilles d'argent destinées à orner les

cheveux, tel était le somptueux mobilier de l'élégante patricienne, dont la vie s'écoulait, à part quelques rares exceptions, dans l'amour des futilités, dans la recherche de la toilette et dans le soin de sa chevelure. Une boîte artistement travaillée qui contient des fioles pleines jadis d'onguents et de parfums, est encore au pied du lit, déposée sur un tabouret pliant. Les Pompéïennes surtout auraient eu besoin d'entendre une harangue sur le luxe des femmes; mais, on peut se demander si M. Dupin les aurait plus rapiment converties que les demoiselles Benoiton. La véritable oasis de la maison, c'était le petit jardin, situé en arrière de la façade, tout peuplé de fleurs et d'oiseaux et dont la petite porte de sortie laissait souvent échapper, la nuit, le maître du logis courant aux aventures. La patricienne, d'après les aveux des historiens du temps, se procurait quelquefois une double chef de cette porte amoureuse; mais, avant de sortir, par pudeur elle se voilait le visage d'un petit capuchon crainte d'être reconnue par les débauchés qui troublaient les rues de Pompéï de leurs escapades nocturnes.

L'heure du triomphe pour la Pompéienne était-le moment du repas du soir où elle venait s'étendre mollement sur le lit de bronze

du *Triclinium* Plus elle s'était faite belle,
plus elle faisait honneur à son époux et
plaisir à l'ami de la maison qui avait toujours sa place au repas de famille ; le *Triclinium* a disparu depuis longtemps, mais l'a-
mi de la maison existe encore. Les esclaves
empressés circulaient, les mains chargées de
mets recherchés qui éclipseraient peut-être
les menus du baron Brisse. La crême d'ami-
don était alors un entremets fort goûté,
comme, de nos jours les nids d'hirondelles
chez les Chinois. Pendant l'été, le vin, qui
se rafraîchissait en traversant des cribles
d'argent arrosés de neiges tombait ensuite
dans les coupes des convives. A la fin du
festin les convives effeuillaient dans leurs
coupes les fleurs de leurs couronnes qu'ils
buvaient à longs traits.

.....*bibere coronas.*

Au milieu du *Triclinium*, pendant que les
clients faisaient leur cour, se pressaient les
ombres qui ne mangeaient que l'ombre du
dîner, lorsque les invités s'étaient tous rendus
à la table du maître, sans laisser de vacance
disponible ; les ombres étaient les surnu-
méraires du festin. Mais, pour calmer les
souffrances de leur estomac, elles pouvaient recréer leurs yeux du spectacle des

danseuses qui vêtues d'air tramé, étoffe
du temps assez légère, accouraient bondis-
santes et formaient des groupes harmo-
nieux.

Presque toutes les maisons de Pompéï
étaient décorées de statues de marbre ou
de bronze dues à des ciseaux célèbres. Taine
a dit qu'une des grandes révolutions qui se
sont produites dans l'histoire des peuples
avait été causée par l'avènement du panta-
lon. A la vue de tous ces chefs-d'œuvre de
statuaire trouvés à Pompéï comme dans
le reste de l'Italie, on a le droit de se ranger
de son avis. Car la beauté moderne au point
de vue artistique, ne consiste plus que dans
le visage; il n'est plus question du corps
maladroitement emprisonné tandis que la
sculpture antique saisissait la beauté partout où elle se révélait. Une tunique et une
demi tunique, la sandale ou le cothurne,
tel était le vêtement antique rehaussé par
de magnifiques attitudes qui loin d'altérer
les formes, permettait au marbre de repro-
duire le nu et cela sans choquer le bon goût.

Traversons maintenant les arcades de la
porte d'Herculanum : nous pénétrons dans
le faubourg de Pompéï. Voici la maison
d'un marchand de couleurs (elle a rendu 14
squelettes,) et celle du sculpteur dont l'ate-

3.

lier renfermait encore des statues ébauchées.
C'est là qu'on a trouvé des ciseaux et des
poinçons qui ont l'âge des chefs-d'œuvre antiques et qu'on peut interroger au Musée de
Naples. On avait longtemps discuté pour savoir si les anciens connaissaient l'emploi et la
fabrication du verre adapté aux fenêtres.
On a retrouvé dans ce bas quartier plusieurs
vitrages qui lèvent tous les doutes à cet
égard. En outre, quelques instruments de
chirurgie ramassés dans les déblais d'une
boutique voisine où demeurait un barbier-
pharmacien ont donné lieu à de savantes
dissertations de la faculté napolitaine. A
cette époque reculée, il est prouvé qu'on
ignorait l'usage des cheminées : mais on se
servait de vases à anses, chargés de char-
bons allumés exactement pareils aux *Scal-
dini* que les restaurateurs ambulants portent aujourd'hui sur leur tête dans les rues
de Naples.

Les Bordelais, Messieurs, sont à juste
titre réputés pour la bonté de leurs vins et
pour leur science dans l'art de les conserver.
Mais ils auraient à s'étonner s'ils visitaient
les caves des Pompéiens; ils y trouveraient
de grandes amphores immobiles, supportées
sur un pied profondément enfoncé en terre.
C'est dans ces tonneaux de terre cuite que les

riches négociants de cette petite capitale
déposaient les généreux sucs des coteaux du
Vésuve après les avoir fait cuire et enfumer.
Les amphores qu'on a trouvées brisées con-
tenaient des résidus rougeâtres, vieux de
18 siècles.

On passe aussi devant la maison du *Gan-
nal* Pompéien, qui s'entendait aussi bien à
la réclame que les grands faiseurs de l'A-
mérique. Car, au-dessus de sa boutique, on
a découvert son enseigne d'embaumeur :
c'était un cadavre préparé. Sur la droite,
en avançant dans le faubourg, on voit se
dresser, imposants, les grands piliers rougeâtres des auberges, dont les arceaux ont
résisté aux siècles : c'était le Grand-Hôtel de
Pompéï, où s'arrêtaient tous les voyageurs
avant d'entrer en ville. C'est dans ses vastes
écuries que se remisaient les chevaux et les
chars des riches citadins, arrivant de leurs
maisons de plaisance ; car les litières ou les
chariots circulaient seuls dans les rues de
Pompéï.

Le faubourg se termine par une des plus
belles voies que nous offre l'antiquité. C'est
une gracieuse promenade, jadis arrosée
d'eau courante, bordée d'arbres et de villas
à blanches terrasses, d'où la vue s'étendait
au loin sur le golfe : de chaque côté des trot-

toirs, s'élèvent des monuments funéraires aussi gais que coquets, c'est le cimetière de Pompéï. Les peuples du Midi étaient épicuriens et l'idée de la mort leur était désagréable; aussi embellissaient-ils tout ce qui pouvait évoquer un souvenir lugubre. Leurs cimetières se transformaient en véritables squares, où se donnaient des banquets de famille en l'honneur des morts et où les enfants accouraient jouer aux osselets sur les pierres tombales à peine refermées. Les tombeaux de Pompéï bien conservés affectent mille formes élégantes; on aperçoit çà et là urnes et sarcophages. On voit encore l'*ustrinum* où se brûlaient les corps par mesure sanitaire, à laquelle, malgré les préjugés, les sociétés modernes seront sans doute obligées de revenir dans les grands centres.

Parmi toutes les inscriptions funéraires, je n'en citerai qu'une, qui m'a paru la plus touchante :

Il est un cénotaphe surmonté d'un marbre de grandeur naturelle, d'une blancheur restée éclatante, malgré les outrages de l'air. C'est l'image d'une jeune fille à demi-voilée, comme la pudeur antique. Sur le socle, se lit l'épitaphe suivante :

*En l'an...... est morte Cœcilia Metella, jeune patricienne mariée de la veille, encore couronnée de fleurs.*

N'y a-t-il pas, dans ces quelques mots, tout un roman d'espérances et de douleurs. Par la pensée, vous revoyez les amours du couple patricien, le cortége élégant des fiançailles précédé des joueurs de flûte, suivi de la foule des clients et des esclaves semant des fleurs sur le chemin et versant des parfums sur les passants ; puis, au retour, la jeune mariée déjà mourante, disant adieu à ses rêves de 20 ans, son amant agenouillé à son chevet, prenant la tête de Cœcilia dans ses bras et promettant de riches sacrifices à Vénus, si sa bien-aimée survivait. N'est-ce pas charmant, l'idée de cette belle vierge, mariée de la veille, morte encore couronnée de fleurs? touchante idylle, dernier regret jeté sur la tombe par une main pieuse, au milieu des sanglots des pleureuses.

A l'extrémité de la voie des tombeaux, le voyageur est bien placé pour jeter un regard sur les campagnes où les Pompéïens s'adonnaient à la villégiature pendant la saison chaude. La plus remarquable, la plus complète, que j'ai déjà nommée plus haut,

c'est la villa de Diomède qui fut le théâtre
d'un drame encore poignant pour le touriste
qui en interroge les appartements. La maison
de campagne de Diomède fut découverte en
1763; elle est dans un bel état de conservation. Les murailles, quoique lézardées en
certains endroits, sont recouvertes de fres-
ques ou d'arabesques où s'épanouissent des
bouquets de fleurs, et d'où semblent s'envo-
ler des oiseaux aux vives couleurs ou des
déesses aux poses voluptueuses. Elle est
vaste et bien distribuée. L'étage situé au
niveau de la rue s'élevait au-dessus d'un
rez-de-chaussée donnant accès sur un vaste
jardin qui s'étageait en trois terrasses, au
bord de la mer. Dans l'une des chambres à
coucher, on a retrouvé des rideaux de
porte garnis encore de leurs anneaux, des
vases à parfums et des étoffes sous presse.
La presse était employée chez les anciens
pour conserver les nuances et la trame de
leurs riches vêtements qu'ils tenaient à pré-
server des outrages de l'air. L'art de la ser-
rurerie était encore dans l'enfance à cette
époque : pourtant, les ornements extérieurs
attenant aux portes sont assez bien ciselés.

Lors des fouilles, on déterra 17 squelettes
dans cette élégante villa. A la porte du jardin, les travailleurs trouvèrent, la face

contre terre, le cadavre du maître du logis
et celui de l'esclave dont il s'était fait suivre
pour sauver ses richesses. Ils étaient tom-
bés là, ensevelis tous deux sous la neige de
cendres brûlantes dont le ciel s'était obs-
curci le soir de la catastrophe. Diomède
avait laissé derrière lui, sans s'en inquié-
ter, sa malheureuse famille qui crut échapper à l'éruption volcanique en se retirant
dans les souterrains du rez-de-chaussée. La
voûte en était épaisse : la mère, aidée de sa
fille et de ses esclaves, y avait amassé des
provisions et des amphores pleines de vin ;
mais la terrible nuit arriva, et, malgré l'é-
paisseur des murailles, la mort pénétra peu
à peu avec la lave qui s'infiltrait à travers
les fentes, montant toujours comme un
flot brûlant. Un hasard miraculeux nous
a conservé les formes de la fille de la maison qui devait être jeune et belle : elle était
la seule vêtue d'étoffes précieuses. L'empreinte de sa gorge s'est retrouvée admirablement moulée dans la lave qui l'a conservée intacte jusqu'à nos jours, en reproduisant fidèlement les fils de la gaze trans-
parente qui couvrait ses épaules. Cette
empreinte, coulée en plâtre, est déposée au
musée de Portici, où elle éveille l'admira-
tion des curieux ; car, jamais le beau idéal

n'a offert de formes plus pures ni plus vir-
ginales. C'est là la dernière impression que
le voyageur emporte en quittant la ville
morte de Pompéï.

Dans cette course à vol d'oiseau à travers
les ruines de Pompéï, je n'ai pu, Messieurs,
qu'esquisser légèrement les grandes lignes
de cette civilisation païenne, qui a remué
le monde entier, et dont chaque débris retrouvé nous révèle un secret du passé.
Cette petite ville a cessé de vivre comme,
avant elle, les superbes capitales de Ni-
nive et de Babylone. La vieille Rome,
le berceau de la république et des empereurs, s'est effacée à son tour. Un jour
viendra fatalement où le monde nouveau,
où les sociétés modernes et les grandes
villes que vous habitez, disparaîtront aussi
de la surface du globe : mais du moins, si
Paris ou Bordeaux subissait jamais le sort
funeste de Pompéï et d'Herculanum, à dé-
faut de monuments d'architecture aussi
grandioses, vous laisseriez après vous des
monuments de la pensée qui resteraient
l'honneur du xix\ :superscript:`e` siècle.

En remuant les cendres de Pompéï et des
autres villes antiques, on retrouve partout
le sceau du travail esclave, cette honte de
l'antiquité, l'industrie encore dans l'enfance.

Si on lavait le sable des arènes où les gladiateurs s'entregorgeaient pour mourir avec
grâce devant un maître, on verrait repa-
raître les gouttes de sang versées pour le
plaisir d'une aristocratie désœuvrée et d'une
population avide du *panem et circenses.*
Mais sur le sol français, les archéologues
futurs, qui fouilleront les ateliers où chaque
jour vous pliez la matière, sous les efforts
combinés de vos doigts et de votre pensée,
ne retrouveront que le travail d'hommes
libres.

En pénétrant dans vos maisons, au lieu
d'y rencontrer des gynécées, ils auront sous
les yeux mille preuves que la femme moderne, remise à sa véritable place par le
Christianisme, c'est-à-dire à votre foyer do-
mestique dont elle est l'appui comme la
grâce, a été à la hauteur de sa mission so-
ciale. Ils verront aussi, j'espère, que notre
sang ne coulait plus que pour la défense
des grandes causes, en un mot, que la femme
de notre époque était digne d'être émanci-
pée, comme l'homme était digne aussi de
la liberté de penser et de travailler, les deux
plus belles conquêtes des temps modernes.

Coulommiers. — Typ. de A. Moussin.

# LIBRAIRIE DE L. HACHETTE ET Cie

Boulevard Saint-Germain, nº 77

## CONFÉRENCES

FAITES A LA GARE SAINT-JEAN, A BORDEAUX

Édition à 25 c. le vol., format petit in-18.

Chaque vol. soumis au timbre se paie 10 c. en sus de ce prix

### EN VENTE :

**Cézanne** (E.). *Du câble transatlantique.* 1 vol. 25 c.

**Kératry** (comte E. de). *Ruines de Pompéi.* 1 vol. 25 c.

### SOUS PRESSE :

**Abria** (J.-J.-B.), doyen de la Faculté de Bordeaux. *La matière.* 1 vol.

—— *Voyage de la lumière au travers des cristaux.* 1 vol.

**Amé** (George). *Du libre échange en France et en Angleterre.* 1 vol.

**Bellier** (A.). *La prévoyance et la charité.* 1 vol. 35 c.

**Bert** (Paul). *La machine humaine; le corps.* 1 vol.

—— *La machine humaine, la force.* 1 vol.

**Clavaud** (A.). *De la fécondation dans les végétaux supérieurs.* 1 vol.

**Dujardin** (J.-B.). *La chaleur et l'humidité à la surface de la terre.* 1 vol.

**Jeannel** (Dr J.) *De l'air.* 1 vol.

**Lespiault** (G.). *Du système solaire.* 1 vol.

**Lacolonge** (O. de). *De l'eau considérée au point de vue physique, mécanique et alimentaire.* 1 vol.

**Rancès** (F.). *De la navigation à vapeur.* 1 vol.

**Raulin** (V.). *Le règne minéral.* 1 vol.

**Royer.** *Des gaz pernicieux du foyer.* 1 vol.

Coulommiers. — Typ. de A. Moussin.